L'ENFANT DE MARIE.

UN FRÈRE DE PLUS.

L'ENFANT DE MARIE.

UN FRÈRE DE PLUS.

Et non est qui possit tuæ resistere voluntati si decreveris salvare Israël.

Qui pourra, Seigneur, s'opposer à votre volonté si vous avez résolu de sauver Israël?

(ESTHER, *Ch.* 13).

BORDEAUX.

TH. LAFARGUE, IMPRIMEUR-LIBRAIRE,

RUE PUITS DE BAGNE-CAP, N.º 8.

1842.

DÉCLARATION.

En affirmant que tous les faits contenus dans ma relation, sont de la plus rigoureuse exactitude et de la sincère vérité, je déclare, conformément au décret d'Urbain VIII, que je les crois, comme les faits humains, par les seuls motifs tirés de la raison.

Rome, 17 Février 1842.

Le Baron DE BUSSIERRE.

Et omnis plebs, ut vidit,
dedit laudem Deo.

Et tout le peuple qui le vit,
bénit le Seigneur. (S. Luc , 18).

CELUI qui , sur la route de Jéricho , se servit d'un peu de boue, pour ouvrir à la lumière du ciel les yeux d'un aveugle-né , le Christ a permis que je fusse le principal témoin de l'événement le plus extraordinaire , si on le considère au seul point de vue de la raison humaine.

Je raconte un fait incontestable ; je dis ce j'ai vu de mes yeux, ce qu'une foule de témoins honorables peuvent affirmer, ce que Strasbourg ne pourra croire, ce que Rome entière admire : un homme, jouissant de tout son bon sens, de toute la plénitude de ses facultés, est entré dans une église, juif obstiné, et par un de ces coups de la grâce qui terrassa Saul sur le chemin de Damas, il en est sorti, dix minutes après, catholique de cœur et de volonté.

Vers la fin de l'automne de l'année 1841, un jeune homme appartenant à une famille de Strasbourg, distinguée par sa position et par l'estime de tous, arrivait à Naples, afin de poursuivre jusqu'en Orient un voyage de santé et de plaisir. Ce n'était pas sans regret qu'il avait quitté sa patrie, car il y laissait une fiancée chérie, une jeune fille belle et douce, qu'il aimait comme un trésor d'espérance. Cette jeune fille était sa propre nièce ; mais un sentiment mutuel, bien plus que des convenances de famille, avait déterminé ce mariage.

Alphonse RATISBONNE était Israélite. Destiné à une position brillante, il se promettait de consacrer tous ses efforts à la régénération de ses corréligionnaires ; il rapportait à ce but toutes ses pensées et toutes ses espérances ; car il s'indignait de tout ce qui pouvait rappeler la malédiction qui pèse sur les descendants de Jacob. Il n'était encore qu'un enfant, lorsqu'il y a quinze ans, un coup bien sensible vint briser une de ses affections les plus chères. Théodore Ratisbonne, son frère, se convertit au Catholicisme, et entra dans les Ordres sacrés. Le temps n'avait pu cicatriser cette plaie ; chaque année ajoutait à sa haine ; jamais il n'avait pu pardonner à celui qu'il regardait comme un transfuge, et contre lequel il excitait, il nourrissait sans cesse l'opiniâtre ressentiment de la famille.

Cependant le beau ciel de Naples ne pouvait lui faire oublier l'Orient, but du voyage, ni surtout les joies du retour. Il ne lui restait que quelques mois pour visiter la Sicile, Malte et Constantinople. L'été de 1842 devait le ramener près de celle qu'il aimait, et consacrer une union qui fixerait désormais sa position et assurerait son bonheur ; il fallait partir. Il sort donc un matin pour aller, sans plus de délais, fixer sa place sur le bateau à vapeur, qui devait le mener à Palerme. Chemin faisant, il songe qu'il n'a pas vu Rome ; qu'une fois de retour, marié, lancé dans les affaires, associé peut-être à la maison de son oncle, il est peu probable qu'il puisse revenir en Italie. Absorbé par ces réflexions, il entre dans un bureau ; mais c'est celui des diligences ; il y retient une place, et trois jours après il est à Rome.

Du moins il n'y fera qu'un bien court séjour ; sa volonté est précise, son parti irrévocablement pris : dans quinze jours il est de retour à Naples, c'est en vain que la ville éternelle lui étalerait toutes

ses merveilles ; il ne peut rester un moment de plus ; l'Orient et sa fiancée l'attendent.

Le voilà donc visitant les ruines, les
églises, les galeries ; entassant en vrai
touriste, les courses, les impressions et
les souvenirs confus. Il a hâte d'en finir
avec cette ville qu'il est venu voir, moins
encore par curiosité que par une sorte
d'entraînement qu'il s'explique mal. Il
part demain ; mais il doit une visite
d'adieu à un ancien ami. Gustave de Bussierre a été élevé avec lui dans la même
pension, et les deux camarades d'enfance
sont restés intimément liés, malgré l'op-
position de leurs idées religieuses. Gustave,
mon frère est protestant très-zélé, de la
secte des piétistes. Il avait quelquefois essayé, mais en vain, d'attirer à lui le jeune
Israélite ; les causeries se terminaient or-
dinairement par deux mots, qui rendaient
assez bien la situation morale des deux
interlocuteurs : *Protestant enragé !* disait
l'un ; *Juif encroûté !* répondait l'autre.

Ratisbonne ne trouve point mon frère, qui était parti pour la chasse. Il vient chez moi ; mais il n'entrera pas ; il se contentera de mettre une carte p. p. c. Le hasard ou plutôt la Providence permet qu'il s'adresse à un domestique italien, qui, le comprenant mal, l'introduit à son grand regret dans le salon.

Jusqu'à ce moment, nous ne nous étions rencontrés qu'une seule fois chez mon frère, et, malgré mes avances, je n'avais obtenu de Ratisbonne que la froide politesse d'un homme bien élevé. Cependant c'est l'ami de Gustave, c'est le frère de l'abbé Ratisbonne, avec lequel je suis intimément lié ; je le reçois donc de mon mieux ; je lui parle de ses courses ; il me raconte ce qu'il a vu, et ses impressions. Il m'est arrivé, ajoute-t-il, une chose assez extraordinaire : en visitant l'église d'Aracoeli au Capitole, je me suis senti saisi d'une émotion profonde, que je ne pouvais expliquer. Témoin de mon agitation, le valet de place me demanda ce qui m'arrivait, si je voulais me retirer ; prétendant que plusieurs fois il avait vu des étrangers éprouver cette même émotion.

Il paraît qu'au moment où Ratisbonne me faisait cette confidence, mes regards étincelants de joie semblaient lui dire : *Tu seras des nôtres ;* car il se hâta d'affirmer avec une intention bien marquée, que cette impression avait été purement religieuse et nullement chrétienne. D'ailleurs, continua-t-il ; en descendant du Capitole, un bien triste spectacle vint rallumer toute ma haine contre le Catholicisme ; je traversai le Ghetto, et, tout en voyant la misère et la dégradation des Juifs, je me disais qu'après tout, il valait mieux être du côté des opprimés que de celui des oppresseurs. — Notre causerie tendait à la discussion : j'essayais, dans mon entraînement, de lui faire partager mes convictions catholiques, et lui, souriant de mes efforts, me répondait avec

une bienveillante pitié pour ma superstition : *qu'il était né Juif, et qu'il mourrait
Juif.*

Alors il me vint l'idée la plus extraordinaire, une idée du ciel; car les sages
du monde l'auraient appelée folie :

« Puisque vous êtes un esprit si fort et
» si sûr de vous-même, promettez-moi de
» porter sur vous ce que je vais vous
» donner.

— » Voyons, de quoi s'agit-il ?

— » Simplement de cette médaille ».

— Et je lui montre une médaille de la
Vierge miraculeuse. Il se rejette vivement
en arrière avec un mélange d'indignation
et de surprise.—

» Mais, ajoutai-je froidement, d'après
» votre manière de voir, cela doit vous
» être parfaitement indifférent, et c'est
» me faire, à moi, un très-grand plaisir.

— » Oh ! qu'à cela ne tienne, s'écria-
» t-il alors en éclatant de rire ; je veux
» au moins vous prouver qu'on fait tort

» aux Juifs, en les accusant d'obstination
» et d'un insurmontable entêtement. D'ail-
» leurs, vous me fournissez là, un fort
» joli chapitre pour mes notes et impres-
» sions de voyage ». Et il continuait des
plaisanteries qui me navraient le cœur,
car pour moi c'étaient des blasphèmes.

Cependant, je lui avais passé au cou
un ruban auquel mes petites filles, pendant notre débat, avaient attaché la médaille bénite. Il me restait quelque chose
de plus difficile encore à obtenir, je voulais qu'il récitât la pieuse invocation de
Saint-Bernard : *Memorare, ô piissima
Virgo*.... Pour le coup, il n'y tint plus ; il
me refusa positivement avec un ton qui
semblait dire : Cet homme est en vérité
par trop impertinent. Mais une force intérieure me poussait moi-même, et je lut-
tais contre ses refus réitérés avec une sorte
d'acharnement. Je lui tendais la prière,
le suppliant de l'emporter avec lui, mais
d'être assez bon pour la copier, parce

que je n'en avais pas d'autre exemplaire.

Alors avec un mouvement d'humeur et d'ironie, comme pour échapper à mes importunités : « Soit, je l'écrirai ; vous » aurez ma copie et je garderai la vôtre » , et il se retira en murmurant tout bas : « Voilà un original bien indiscret. Je » voudrais bien savoir ce qu'il dirait, si » je le tourmentais ainsi, pour lui faire » réciter une de mes prières juives » .

Lorsqu'il fut sorti, nous nous regardâmes quelque temps en silence, ma femme et moi. Tout affligés des blasphèmes que nous avions entendus, nous en demandions au ciel pardon pour lui ; nous recommandions à nos deux petites filles de réciter le soir l'*Ave Maria*, pour la conversion d'Alphonse.

Désormais toutes les circonstances deviennent si importantes pour constater l'œuvre du Seigneur, que c'est un devoir pour moi de raconter, autant que possible, ce que j'ai fait, ce qu'a fait Ratisbonne, depuis le jour où il a emporté le *Memorare*, jusqu'au moment où la mère des miséricordes lui arracha le bandeau qui l'empêchait de voir ; jusqu'à celui où il a eu le bonheur de faire, devant tous, profession de la foi catholique.

Ratisbonne ne pouvait assez s'étonner de mes instances ; il avait pourtant copié cette prière à laquelle j'attribuais une si puissante efficacité ; il la lisait et relisait, afin d'y découvrir ce qui me la rendait si précieuse. A force de la lire, il la savait presque par cœur ; elle lui revenait à chaque instant à la mémoire, il la répé-tait machinalement, comme ces airs d'opéras, qu'on chante intérieurement, sans y penser, et en s'en impatientant.

Quant à moi, j'étais tout préoccupé de ce qui s'était passé entre moi et un homme avec lequel je n'avais aucune relation d'intimité, avec lequel j'avais causé ce jour-là, pour la première fois. Je ne pouvais me rendre compte de cette force intérieure qui me poussait vers lui , et qui , en dépit de tous les obstacles , et de l'opiniâtre indifférence qu'il opposait à mes efforts , me donnait une conviction intime inexplicable que , tôt ou tard , Dieu lui ouvrirait les yeux. J'étais décidé à l'empêcher à tout prix de partir. Dans la soirée j'allai lui faire une visite à l'hôtel Serny ; et ne l'ayant point trouvé , je l'engageai par un billet à vouloir bien passer chez moi , le lendemain Dimanche , vers dix heures et demie du matin.

Le soir , selon un pieux usage de Rome , je devais faire , avec le prince M. A. B. et d'autres amis , la veillée , devant le Saint-Sacrement. Je leur recommandai de se joindre à mes prières , pour obtenir de Dieu la conversion d'un Juif.

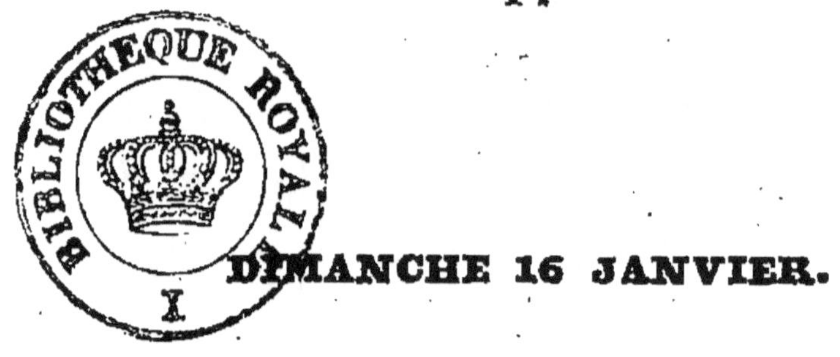

DIMANCHE 16 JANVIER.

Ratisbonne fut exact au rendez-vous ;
et m'abordant d'un air très-dégagé : « Eh
» bien ! j'espère que vous ne songez plus
» à vos rêveries d'hier ? Je viens prendre
» congé de vous, je pars cette nuit. —

» Mes rêveries ! ce qu'il vous plaît
» d'appeler ainsi, me préoccupe plus que
» jamais ; et quant à votre départ, n'en
» parlons pas : car il faut absolument le
» remettre à huit jours ; —

» Impossible, ma place est retenue. —
» Qu'importe, allons ensemble au bureau
» des diligences, dire que vous ne partez
» plus. —

» Ah ! cette fois, c'est trop fort ; très-
» décidément, je pars. —

» Très-décidément, vous ne partirez

» pas ; dussé-je vous tenir sous clé dans
» ma chambre ».

Et je lui représente qu'il ne peut quitter Rome, sans avoir vu une cérémonie à Saint-Pierre ; que, dans peu de jours, il aura cette occasion ; bref, je l'entraîne, tout stupéfait de mon opiniâtreté, et après avoir été ensemble, faire rayer son nom de la liste des voyageurs, je le conduis à l'église des Augustins et à celle du Jésus.

Ce même jour dînant au palais Borghèse, avec M. le Comte de Laferronnays, je lui racontais, dans la soirée, ma préoccupation du moment ; je recommandais instamment à ses prières mon jeune Israélite. Il me confessait ingénuement lui-même, dans l'épanchement de cette causerie intime, la confiance qu'il avait toujours eue en la protection de la Sainte Vierge, même à une époque, où les agitations de la politique ne lui permettaient pas toujours cette piété pratique, dont il nous a donné l'exemple, dans les dernières années de sa vie. Ayez confiance, me répétait-il ; s'il dit le *Memorare*, vous le tenez lui, et bien d'autres encore.

LUNDI 17 JANVIER.

Je fis quelques promenades nouvelles avec Ratisbonne , qui vint me prendre vers une heure. Je remarquais avec chagrin le peu de fruit que produisaient nos conversations ; car il était toujours dans les mêmes dispositions : hostile et dénigrant pour le catholicisme ; cherchant à échapper par la raillerie aux arguments , qu'il ne se donnait pas la peine de réfuter.

M. de Laferronnays mourut presque subitement, le soir à onze heures, laissant aux amis , qu'il avait édifiés par la ferveur de ses dernières années , comme à la famille qui le pleurait, l'exemple de ses vertus, et la consolation d'espérer que Dieu ne l'avait appelé à lui, que parce qu'il était mûr pour le ciel. Habitué depuis long-temps à l'aimer comme un père, je partageais, avec les larmes de tous les siens, les tristes soins qu'imposait cette douloureuse circonstance ; mais le souvenir de Ratisbonne me poursuivait jusqu'auprès du cercueil de mon ami.

MARDI 18 JANVIER.

J'avais passé une partie de la nuit au milieu de cette famille si justement éplorée. Comprenant mieux que personne sa douleur, j'hésitais à me séparer d'elle ; et pourtant une préoccupation inquiète ramenait sans cesse ma pensée à Ratisbonne, comme si une main invisible m'eût poussé vers lui. Je ne voulais pas me séparer de ce qui restait ici-bas de mon ami ; je ne pouvais pas éloigner ma pensée de cette jeune ame que je voulais conquérir à ma foi. Je dis ma lutte intérieure à M. l'abbé G. que la Providence a établi depuis long-temps l'ange gardien et consolateur de la famille Laferronnays. « Allez, » me répond-il, allez, continuez votre » œuvre, c'est nous conformer aux in- » tentions de M. de Laferronnays, qui a » prié avec ardeur pour la conversion » de ce jeune homme ».

Me voilà donc de nouveau courant après Ratisbonne, m'emparant de lui, lui montrant les antiquités religieuses, pour fixer sa pensée sur les vérités catholiques ; mais je parlais en vain. Je voulus qu'il visitât une seconde fois, avec moi, l'église d'Aracoeli. S'il y éprouva encore une certaine impression, elle fut bien fugitive ; car il m'écoutait froidement et ne répondait à toutes mes réflexions que par des plaisanteries : « Je songerai à tout cela,

» disait-il, quand je serai à Malte ; j'en
» aurai le temps, je dois y passer deux
» mois. Ce sera bon pour me désen-
» nuyer ».

MERCREDI 19.

Je dirigeai notre promenade vers le Capitole et le Forum. Près de là, sur le monte
Celio s'élève l'église de St-Etienne-le-Rond,
dont les murs sont couverts de fresques,
qui représentent avec une effrayante
vérité les différents supplices au milieu
desquels expiraient les martyrs. La vue
de ces tortures fit éprouver à Ratisbonne
un sentiment d'horreur. « Ce spectacle
» est affreux, s'écria-t-il, pour prévenir
» mes réflexions ; mais vos corréligion-
» naires ont été tout aussi cruels envers
» les pauvres Juifs du moyen-âge, que les

» persécuteurs des premiers siècles, à l'é-
» gard des Chrétiens ».

Je lui montrai à Saint-Jean-de-Latran les bas-reliefs, placés au-dessus des statues des douze Apôtres. Ils représentent d'un côté les figures de l'ancien testament, de l'autre leur accomplissement par le Messie. Ces rapprochements lui paraissent ingénieux.

Nous nous acheminions vers la villa Wolkonski. Ratisbonne s'étonnait de ma tranquillité ; il ne pouvait l'expliquer avec cet ardent désir de le convertir, lui qui, disait-il, était plus juif que jamais. Je lui répondis que plein de confiance dans les promesses de Dieu, j'étais convaincu, puisqu'il était de bonne foi, qu'il serait un jour catholique, quand bien même le Seigneur devrait envoyer un ange pour l'éclairer.

Nous passions dans ce moment devant la *Scala santa*, et désignant mon compagnon, je dis tout haut en ôtant mon cha-

peau : « Salut, saint escalier, voici un
» homme qui un jour vous montera à
» genoux ». Ratisbonne se prit à rire aux
éclats. Nous nous séparâmes, sans que je
pusse emporter la plus faible espérance
d'avoir le moins du monde ébranlé ses
convictions. Mais je croyais à CELUI qui
a dit : Frappez et on vous ouvrira. J'allai
prier près du bien-aimé défunt; agenouillé
près de son cercueil, je le conjurai de
m'aider à convertir mon jeune ami, si,
comme je l'espérais, il était déjà lui-même
au séjour des bienheureux.

JEUDI 20.

Ratisbonne n'a point fait un seul pas
vers la vérité ; sa volonté est toujours la
même, son esprit toujours railleur, ses
pensées toujours aux choses de la terre.

Il entre vers midi au café de la place d'Espagne pour y lire les journaux. Il y trouve mon beau-frère Edmond Humann, s'entretient avec lui, des nouvelles du jour avec un abandon et une légéreté qui excluent l'idée de toute préoccupation grave (*).

Il est une heure. Je dois prendre quelques arrangements à l'église de St-André-delle-Fratte pour la funèbre cérémonie du

(*) Il semble que la Providence se soit plu à tout disposer, pour exclure la possibilité du doute, sur la disposition d'esprit où se trouvait M. Ratisbonne, au moment où la grâce la plus inattendue allait le jeter dans une voie nouvelle. Vers midi et demi, en sortant du café, il rencontre M. le baron A. de Lotzbeck, son ami de pension ; il s'entretient avec lui des choses les plus futiles ; il cause de bal, de plaisirs et de la fête brillante qu'a donnée le Pr. T.... Assurément, si quelqu'un lui eût dit en ce moment : *Avant deux heures, vous serez catholique*, il l'aurait cru fou.

lendemain.— Mais voici Ratisbonne qui
descend la via Condotti ; il viendra avec
moi ; m'attendra quelques minutes et nous
poursuivrons notre promenade. Nous en-
trons à l'église. Ratisbonne apercevant les
préparatifs du service, me demande pour
qui ils sont destinés.— Pour un ami que
je viens de perdre : Monsieur de Laferronnays, que j'aimais extrêmement. —
Alors il se met à se promener dans la nef ;
son regard froid et indifférent semble dire :
« Cette église est bien laide ». Je le laisse
du côté de l'Epître, à droite d'une petite
enceinte, disposée pour recevoir le cercueil
et j'entre dans l'intérieur du couvent.

Je n'ai que quelques mots à dire à l'un
des moines : je voudrais faire préparer
une tribune pour la famille du défunt ;
mon absence dure à peine dix ou douze
minutes.

En rentrant dans l'église, je n'aperçois
pas d'abord Ratisbonne, puis je le décou-
vre bientôt agenouillé devant la chapelle

de l'Ange saint Michel. Je m'approche de lui, je le pousse trois ou quatre fois, avant qu'il s'aperçoive de ma présence. Enfin il tourne vers moi un visage baigné de larmes, joint les mains, et me dit avec une expression impossible à rendre : « Oh !
» comme ce Monsieur a prié pour moi !»

J'étais moi-même stupéfait d'étonnement; je sentais ce qu'on éprouve en présence d'un miracle. Je relève Ratisbonne ; je le guide, je le porte, pour ainsi dire, hors de l'église, je lui demande ce qu'il a, où il veut aller ; — « Conduisez-moi
» où vous voudrez, s'écrie-t-il : Après ce
» j'ai vu, j'obéis ». Je le presse de s'expliquer ; il ne le peut pas ; son émotion est trop forte. Il tire de son sein la médaille miraculeuse qu'il couvre de baisers et de larmes. Je le ramène chez lui, et, malgré mes instances, je ne puis obtenir de lui que des exclamations entrecoupées de sanglots : — « Ah ! que je suis heu-
» reux ! que Dieu est bon ! quelle pléni-

» tude de grâce et de bonheur ! Que ceux
» qui ne savent pas sont à plaindre ! »
— Puis il fond en larmes, en pensant
aux hérétiques et aux mécréants. Enfin il
me demande s'il n'est pas fou... « Mais
» non, s'écrie-t-il : je suis dans mon
» bon sens ; mon Dieu, mon Dieu, je ne
» suis pas fou ! tout le monde sait bien
» que je ne suis pas fou ».

Lorsque cette délirante émotion com-
mence à se calmer, Ratisbonne, avec un
visage radieux, je dirais presque trans-
figuré, me serre dans ses bras, m'embrasse, me demande de le mener chez un
confesseur, veut savoir quand il pourra
recevoir le baptême, sans lequel il ne sau-
rait plus vivre, soupire après le bonheur
des martyrs, dont il a vu les tourments
sur les murs de Saint-Etienne-le-Rond.
Il me déclare qu'il ne s'expliquera, qu'a-
près en avoir obtenu la permission d'un
Prêtre ; « Car ce que j'ai à dire, ajoute-
» t-il, je ne dois, je ne puis le dire qu'à
» genoux ».

Je le conduis aussitôt au Jésus, près du Père de Villefort qui l'engage à s'expliquer. Alors Ratisbonne tire sa médaille, l'embrasse, nous la montre et s'écrie : « JE L'AI VUE !!! JE L'AI VUE !!! » et son émotion le domine encore. Mais bientôt plus calme, il peut s'exprimer : voici ses propres paroles :

J'étais depuis un instant dans l'église, lorsque tout d'un coup je me suis senti saisi d'un trouble inexprimable. J'ai levé les yeux ; tout l'édifice avait disparu à mes regards ; une seule chapelle avait pour ainsi dire, concentré toute la lumière, et au milieu de ce rayonnement, a paru debout, sur l'autel, grande, brillante et pleine de majesté et de douceur, la Vierge Marie, telle qu'elle est sur ma médaille ; une force irrésistible m'a poussé vers elle. La Vierge m'a fait signe de la main de m'agenouiller ; elle a semblé me dire : C'EST BIEN ! *Elle ne m'a point parlé, mais j'ai tout compris.*

Ce court récit, Ratisbonne nous l'avait fait, en s'interrompant souvent, comme pour respirer, et maîtriser l'émotion qui l'oppressait. Nous l'écoutions, nous, avec une sainte frayeur mêlée de joie et de reconnaissance, admirant la profondeur des voies de Dieu et les trésors ineffables de sa miséricorde. Un mot surtout nous avait frappés, par sa mystérieuse profondeur : *Elle ne m'a point parlé, mais tout j'ai compris.* — Désormais en effet, il suffit d'entendre Ratisbonne ; la foi catholique s'exhale de son cœur, comme un parfum précieux du vase qui le renferme, mais ne peut le contenir. Il parle de la présence réelle, comme un homme qui la croit de toutes les forces de son ame, c'est encore trop peu dire, comme un homme qui la SENT.

En quittant le Père de Villefort, nous allâmes rendre grâces à Dieu, d'abord à Sainte-Marie-Majeure, la chère basilique de la Vierge, puis à Saint-Pierre.

Impossible de rendre les transports de Ratisbonne, lorsqu'il se trouva dans ces églises. Ah ! me disait-il, en me pressant les mains : « Je comprends maintenant » l'amour des Catholiques pour leurs » églises et la piété qui les porte à les » orner, à les embellir !..... Comme on » est bien ici ! on voudrait n'en jamais » sortir..... Ce n'est plus la terre, c'est » presque le ciel ».

Auprès de l'autel du Très-Saint Sacrement, la présence réelle de la divinité l'écrasait à tel point, qu'il allait perdre connaissance, s'il ne se fût éloigné aussitôt ; tant il lui paraissait horrible d'être en présence du Dieu vivant, avec la tache originelle. Il alla se réfugier dans la chapelle de la Sainte Vierge.

« Ici, me dit-il, je ne puis avoir peur ; » je sens que je suis protégé par une » miséricorde immense ».

Il pria avec la plus grande ferveur, auprès du tombeau des saints Apôtres.

L'histoire de saint Paul que je lui racontai, lui fit encore verser d'abondantes larmes.

Il s'étonnait du lien puissant et posthume, pour conserver son expression, qui l'unissait à Monsieur de Laferronnays ; il voulait passer la nuit auprès de son cercueil. Sa reconnaissance, disait-il, lui en faisait un devoir. Mais le Père de Villefort, le voyant fatigué, combattit prudemment ce pieux désir, et lui conseilla de ne pas veiller plus tard que dix heures.

Ratisbonne nous avoua alors que la nuit précédente, il n'avait pu dormir ; qu'il avait eu constamment devant lui, une grande Croix, d'une forme particulière et sans Christ. « J'ai fait, dit-il, » d'incroyables efforts pour chasser cette » image, sans jamais pouvoir y parve- » nir ». Quelques heures après, voyant par hasard le revers de la médaille miraculeuse, il a reconnu sa croix !

Cependant, j'éprouvais la plus vive impatience de revoir la famille Laferronnays. J'avais de si douces consolations à leur porter, dans le moment même où l'on allait enlever à leur douleur les restes vénérés de celui qu'ils pleuraient. J'entre dans la chambre mortuaire ; dans un état d'agitation, j'ai presque dit de joie, qui fixe soudain l'attention de tous, et fait comprendre que j'ai quelque chose de bien important à dire. Tous me suivent dans la chambre voisine, et je raconte à la hâte ce qui vient de se passer.

C'étaient des nouvelles du ciel que je leur apportais. Les larmes de la douleur se changent un moment en larmes de reconnaissance. Ces pauvres cœurs affligés peuvent maintenant supporter, avec toute la résignation des vrais chrétiens, le plus cruel des sacrifices, le dernier de ceux que la mort impose, le dernier adieu à la dépouille mortelle de celui qu'on a aimé...

Mais j'étais pressé de retrouver le fils que le ciel venait de me donner ; il m'avait prié de ne pas le laisser seul ; il lui fallait un ami pour épancher dans son cœur les profondes émotions de cette journée.

Je lui demandai de nouveaux détails sur la vision miraculeuse. Il ne pouvait expliquer lui-même comment il était passé du côté droit de l'église à la chapelle qui est à gauche, et dont il était séparé par les préparatifs du service funèbre. Il s'était tout-à-coup trouvé à genoux et prosterné auprès de cette chapelle. Au premier moment, il avait pu apercevoir la Reine du Ciel, dans toute la splendeur de sa beauté sans tache ; mais ses regards n'avaient pu soutenir l'éclat de cette lumière divine. Trois fois il avait essayé de contempler encore la mère des miséricordes, trois fois ses inutiles efforts ne lui avaient permis de lever les yeux, que jusqu'à ces mains bénites, d'où s'échappaient, en gerbes lumineuses, un torrent de grâces.

« Oh mon Dieu ! s'écriait-il , moi qui
» une demi-heure auparavant blasphé-
» mais encore ! moi qui éprouvais une
» haine si violente contre la Religion
» catholique ! Mais tous ceux qui me con-
» naissent savent bien qu'humainement ,
» j'avais les plus fortes raisons pour rester
» juif. Ma famille est juive ; ma fiancée
» est juive , mon oncle est juif... En me
» faisant catholique , je romps avec tous
» les intérêts et toutes les espérances de
» la terre , et pourtant je ne suis pas fou ,
» on le sait bien, je ne suis pas fou ; que
» je ne l'ai jamais été. On doit donc me
» croire ».

VENDREDI 21.

La nouvelle de cet éclatant prodige
commençait à circuler dans Rome. On
courait de l'un à l'autre ; on s'interrogeait,

on racontait, on consignait les détails incomplets que l'on avait obtenus. On avait beau se tenir en garde, pour ne rien accepter légèrement ; le doute devenait bientôt impossible en présence de faits si évidents, si incontestables. On rendait grâces à Dieu de se trouver à Rome, dans un moment où il avait plu à son inépuisable bonté de ranimer notre confiance pour la Vierge immaculée, en manifestant d'une manière si admirable la puissance de son intercession. Chacun voulait voir et entretenir ce jeune homme trois fois heureux, pour qui la Mère de la grâce divine était descendue du ciel.

J'étais avec Ratisbonne chez le Père de Villefort, lorsque le général Chlapowski pénétra jusqu'à nous : « Monsieur, vous » avez donc vu l'image de la Sainte » Vierge ? et dites-moi comment.... » — » L'image ! monsieur, interrompit Ratis- » bonne, l'image ! mais je l'ai vue elle- » même, en réalité, en personne, comme » je vous vois là... »

Je ne puis m'empêcher de l'observer ici : si quelque illusion eût été possible, avec les circonstances de caractère, d'éducation, de préjugés, d'intérêt de cœur et de position que j'ai racontées, elle n'aurait pu du moins être produite, par aucune représentation extérieure ; car il n'y a dans la chapelle où s'est opéré le miracle, ni statue, ni tableau, ni image quelconque représentant la Vierge.

Je voulus conduire Ratisbonne dans le sein de la famille Laferronnays. L'évènement le plus important de sa vie était tellement uni avec le malheur qui les accablait tous, que c'était pour lui un devoir d'adoucir l'amertume de leurs larmes, en leur redisant lui-même, par quel lien d'éternelle reconnaissance le ciel avait voulu l'enchaîner à l'ame du juste. Mais il était trop ému, pour parler avec quelque suite, il serrait avec une agitation impossible à rendre, ces mains qu'on lui tendait comme à un frère, à un enfant

chéri. « Oh ! croyez-moi , croyez à mes paroles , répétait-il , quand on le pressait de questions… « c'est aux prières de M.
» de Laferronnays que je dois ma conver-
» sion ».

C'est chez moi que le nouveau converti passa le peu de jours qui s'écoulèrent jusqu'à la retraite , par laquelle il devait se préparer au Baptême. Il me communi-quait quelques passages des lettres qu'il écrivait à sa fiancée , à son oncle , à tous les membres de sa famille , afin que je pusse pénétrer jusqu'au fond de son ame. Dans nos causeries intimes , il revenait sans cesse sur les preuves évidentes qui de-vaient convaincre les plus incrédules, de-la miraculeuse intervention du ciel dans sa conversion , et de sa propre sincérité.

« Les motifs les plus graves , disait-il ,
» les intérêts les plus puissants sur le
» cœur de l'homme , m'enchaînaient à ma
» religion. On doit donc croire un homme
» qui sacrifie tout , à une conviction qui

» ne peut venir que du ciel... Si tout ce
» que j'ai affirmé n'est pas rigoureuse--
» ment vrai, je commets l'acte le plus
» coupable, le plus insensé.

» En débutant dans la religion que
» j'embrasse par un mensonge sacrilége..
» non-seulement je risque ma position
» dans cette vie, mais je perds mon ame,
» et j'assume sur ma tête l'effrayante res-
» ponsabilité de toutes celles qu'entraîne-
» rait mon exemple... Où est donc mon
» intérêt?... Hélas ! quand mon frère
» s'est converti au catholicisme et s'est
» fait Prêtre, j'ai été de toute la famille
» celui qui l'a persécuté avec le plus
» d'acharnement. Nous étions brouillés ;
» moi du moins je le détestais, car lui il
» m'avait pardonné. A l'époque de mes
» fiançailles, je me dis qu'il fallait me
» réconcilier avec mon frère ; je lui écri-
» vis quelques lignes bien froides, et il
» me répondit par une lettre pleine de
» tendresse et de charité...

» L'un de mes jeunes neveux mourut
» il y a dix-huit mois. Mon frère l'abbé
» voulut le baptiser ; quand je le sus, je
» fus comme un furieux.

» .... J'espère que Dieu m'enverra de
» cruelles épreuves, afin de lui rendre
» gloire, et de prouver au monde que je
» suis de bonne foi ».

Oui, il est de bonne foi l'homme qui,
à l'âge de ving-huit ans, sacrifie toutes
les joies de son cœur, toutes les espérances de sa vie, pour obéir à sa conscience.
Car il a apprécié toutes les conséquences
de sa résolution ; car il sait déjà que le
christianisme, c'est le culte de la Croix ;
on lui a dit et répété toutes les épreuves
qui l'attendent, tous les devoirs qu'impose
la religion nouvelle dans laquelle il brûle
d'entrer.

Dès le premier moment où il a demandé
le Baptême, on l'a conduit auprès du
vénérable Père qui dirige une société
bien chère à tous les amis de Dieu. Celui-

ci , après l'avoir écouté avec une douce bonté , mais en même temps avec une grande gravité , lui a fait considérer attentivement les sacrifices qu'il aurait à faire , les graves obligations qu'il aurait à remplir , les combats particuliers qui l'attendaient , les tentations , les épreuves de toute nature auxquelles une résolution semblable allait l'exposer ; et lui montrant un crucifix qui était sur sa table :

« Cette croix , lui dit-il , que vous avez
» vue pendant votre sommeil , quand une
» fois vous serez baptisé , non-seulement
» il faudra l'adorer , mais la porter ;
» puis , ouvrant le livre des saintes Écri-
» tures , il chercha le 2.ᵉ chapitre de
» l'Ecclésiastique , et lut à M. Ratisbonne
» ces paroles :

— » Mon fils , lorsque vous vous en-
» gagez au service de Dieu , préparez
» votre ame à la tentation et à l'épreuve ,
» et demeurez ferme dans la justice et

» dans la crainte du Seigneur ; tenez votre
» ame humiliée, et attendez dans la pa-
» tience ; prêtez l'oreille aux paroles de
» la sagesse, et ne perdez point courage
» au moment de l'épreuve ; souffrez avec
» patience l'attente et les retards de Dieu.
» Demeurez uni à Dieu et ne vous lassez
» pas d'attendre ; acceptez de bon cœur
» tout ce qui vous arrivera, demeurez en
» paix dans votre douleur ; et au temps
» de votre humiliation conservez la pa-
» tience, car l'or et l'argent s'épurent par
» le feu, mais les hommes que Dieu veut
» recevoir au nombre des siens, il les
» éprouve dans le creuset des humilia-
» tions et de la douleur. Ayez donc con-
» fiance, et il vous tirera de tous vos
» maux ; espérez en lui, conservez sa
» crainte, et vieillissez dans son amour ».

La lecture de ces divines paroles fit sur
Ratisbonne une profonde impression.
Loin de le décourager, elles affermirent

sa résolution, en le faisant entrer dès-lors dans les sentiments du christianisme le plus sérieux et le plus fort. Il les écouta néanmoins en silence ; mais à la fin de la retraite qui précéda son Baptême, la veille de cette grande journée, il alla, le soir, trouver le saint Prêtre qui lui avait lu ces paroles huit jours auparavant, et lui en demanda une copie, en disant, qu'il voulait les conserver, et les méditer tous les jours de sa vie.

Tels sont les faits que je livre à la méditation de tous les hommes sérieux. Je les ai exposés sans art, dans toute leur simplicité, dans toute leur vérité, pour l'édification de ceux qui croyent, pour l'enseignement de ceux qui cherchent encore le lieu de leur repos ; heureux, si, après avoir erré trop long-temps moi-même, dans les ténèbres et les contradictions des sectes protestantes, je pouvais, par ce simple récit, inspirer à quelque frère égaré la volonté de s'écrier, comme l'aveugle de l'évangile : *Seigneur, faites que je voye* ; car celui qui prie ouvre bientôt les yeux au soleil de la vérité catholique.

CÉRÉMONIE

du 31 Janvier.

UN FRÈRE DE PLUS.

Les personnes pieuses qui se trouvaient réunies aujourd'hui dans l'église du Jésus, conserveront long-temps le souvenir de la solennité qui a couronné, de la manière la plus éclatante, l'évènement extraordinaire dont la ville entière est encore tout émue, et constaté aux yeux de tous un de ces miracles de la grâce, dont la miséricorde infinie se sert pour ranimer la foi des tièdes, et attirer dans une voie meilleure ceux qui marchaient encore dans les ténèbres.

M. Ratisbonne a fait, entre les mains du Cardinal Vicaire, profession de la foi catholique ; il a reçu le Baptême, la Confirmation, il a fait sa première Communion !

Long-temps avant l'heure fixée, l'église du Jésus, désignée par le Cardinal Vicaire pour cette cérémonie, était remplie d'une foule pieuse, avide de contempler ce jeune Israélite, que la Vierge immaculée avait conduit de sa main pleine de grâces jusqu'au pied de la croix. Il y avait bien là aussi quelques brebis égarées, quelques-uns de ces curieux qui veulent tout voir ; mais une piété communicative dominait toute l'assemblée ; et le sentiment religieux qui s'était emparé de tous était trop profond pour que les cœurs ne fussent pas, un moment du moins, réunis par le pieux intérêt qu'inspirait le néophyte.

De sages précautions avaient été prises pour assurer l'ordre, qui devait contribuer à l'édification commune. Tout l'espace qui s'étend entre l'autel de S. Ignace et celui de Saint François-Xavier était disposé de manière à ce que les nombreux assistants pussent facilement se placer ; et quoiqu'il n'y eût point de siéges réservés, l'empressement des curieux avait été cette fois devancé par le zèle des ames ferventes, qui protégeaient, pour ainsi dire, l'autel de leur pieux recueillement et de leurs saintes prières.

Vers huit heures et demie, M. Ratisbonne, vêtu de la blanche tunique des Cathécumènes, a été amené par le révérend Père de Villefort, qui l'avait préparé, et M. le baron Théodore de Bussierre, son parrain, à la chapelle de St.-André, située près de la grande porte de l'église. Objet de la curiosité de tous pendant plus d'une demi-heure d'attente, il supportait avec une résignation angélique les regards indiscrets, se soumettant humblement à une épreuve bien méritoire, dans un moment où toutes les pensées, tous les sentiments d'une vie nouvelle se pressaient en foule au fond de son cœur. Par moment il serrait avec ferveur le chapelet qu'il tenait à la main ; il regardait la médaille qui y était attachée, comme pour puiser, dans le souvenir et la protection de celle qui l'avait sauvé, de la force pour toutes les fatigues, du courage pour toutes les épreuves.

A neuf heures, Son Eminence le Cardinal Patrice, Vicaire de Sa Sainteté, après s'être revêtu à l'autel de St.-Ignace de ses habits pontificaux, a commencé les prières prescrites par le Rituel pour le Baptême des adultes. Ce sont d'abord des psaumes de David, dans lesquels une foule de passages semblaient écrits tout exprès, et pour exprimer les sentiments du cathécumène, et pour raconter par quelle voie le Seigneur l'avait appelé à la lumière. Car telle est l'admirable profondeur des Écritures, que chacun y trouve l'expression qui lui manque pour rendre les besoins de son ame ; et je dirais presque, toutes les circonstances de sa vie intérieure.

Qui aurait pu, en effet, mieux raconter et ce désenchantement du monde, et ces troubles du cœur, qui poursuivaient le jeune Israélite au milieu des plaisirs d'une position brillante, et contre lesquels il allait chercher des distractions sous un ciel nouveau ? O mon ame, pourquoi es-tu triste et pourquoi me troubles-tu ? *Quarè tristis es ?* Pauvre ame souffrante, c'est en vain que tu changes d'horizon ; tu te nourriras nuit et jour de tes larmes ; *fuerunt mihi lacrymæ meæ panes die ac nocte ;* parce qu'il n'y a point de repos pour l'exilé, parce qu'on peut te dire chaque jour : où est ton Dieu ? *ubi est Deus tuus ?* Mais espère au Seigneur ; car bientôt tu confesseras son nom, et tu trouveras le repos du cœur, le baume qui guérit toutes les blessures ; *Spera in Deo, quoniam adhuc confitebor illi salutare vultûs mei.* Voilà qu'au jour marqué il t'envoie la Mère des miséricordes, *in die Dominus mandavit misericordiam suam.*

Espère au Seigneur ; ne crains plus maintenant d'approcher du tabernacle admirable où se cache le Saint des Saints ; *transibo in locum tabernaculi admirabilis, usque ad domum Dei ;* lui seul peut étancher cette soif qui te dévore. Désormais tu as compris toute l'horreur du péché et de la souillure originelle ; *quandò veniam,* quand pourrai-je entrer dans l'arche sainte, hors de laquelle il n'y a point de salut ? quand pourrai-je me prosterner devant la face de mon Dieu ? *et apparebo antè faciem Dei.* Comme le cerf altéré soupire après les sources d'eaux vives, ainsi mon ame a soif de l'eau sainte du Baptême, ainsi mon cœur a soif du Dieu, qui est la source de la force et de la vie.

Ces prières terminées, S. E. le Cardinal Vicaire, précédé du clergé, s'est dirigé processionnellement vers le fond de l'église. Alors le rév. Père de Villefort et M. le baron de Bussierre ont amené devant lui le jeune Israélite. « Que deman-

dez-vous à l'église de Dieu ? — La foi. »
Ah! , il l'avait déjà cette foi sainte et catholique ; l'étoile du matin s'était levée
pour lui, et l'avait illuminé de ses rayons
divins ! Aussi, lorsqu'on lui enjoint de
détester avec horreur la perfidie des Juifs,
de repousser avec mépris la superstition des
Hébreux (*), il n'hésite pas un instant ;
et la modeste fermeté de ses réponses
prouve qu'il n'est pas indigne de la grâce
que l'église lui fait, en abrégeant pour
lui les épreuves imposées aux cathécumènes.

Déjà le Pontife a soufflé trois fois sur
son visage, pour mettre en fuite l'esprit
malin ; il l'a marqué du signe du Chrétien, du signe révéré de la Croix, sur le
front, sur les yeux, sur les oreilles, sur
la poitrine et sur les épaules ; afin d'enseigner au nouveau Chrétien qu'il doit
consacrer au Christ sa pensée et son cœur,

(*) Expressions du Rituel.

qu'il doit porter avec amour le joug de la croix. Enfin il lui a fait goûter le sel de la sagesse, et il a récité sur lui les prières de l'exorcisme. Le jeune néophyte est prosterné sur le parvis du temple ; une dernière marque de soumission, une épreuve inattendue lui est demandée : « Baisez la terre, lui dit-on ; » et aussitôt sans trouble, comme sans hésitation, il baise la terre, prouvant à cette foule qui le contemple, qu'il est vraiment chrétien, puisque son jeune cœur a déjà deviné que l'humilité est la seule porte qui conduise à la vérité et au salut. Admirable, éloquente leçon pour nous tous, qui oublions trop souvent que Jésus notre maître était doux et humble de cœur.

Aussi dès ce moment plus de doutes ; l'esprit du Christ est avec le néophyte, puisqu'il est humble et soumis. L'Église n'hésite plus ; elle le regarde, elle le traite comme son enfant chéri. Elle oublie et sa vie passée et ses blasphèmes d'hier ;

elle ne voit plus en lui que le pupile privilégié de Marie. Le Pontife lui fait prendre en main le bord de son étole, en signe d'adoption, et pour lui enseigner que, dans la famille catholique, les enfants ne marchent qu'appuyés humblement sur leurs pères ; c'est ainsi qu'il ramène, comme en triomphe, à l'autel de Saint-Ignace, cette brebis chérie qu'il vient d'arracher à Satan.

Comment vous dire tous les sentiments divers qui agitaient l'assemblée, à la vue de ce jeune homme? Son visage remarquable par un heureux mélange de fermeté et de douceur, sa longue barbe, sa démarche, son costume, tout en lui reportait la pensée au temps de la primitive Église. On eût dit un de ces chrétiens des catacombes qui espéraient le martyre !

De bonnes femmes romaines, qui m'étouffaient pour mieux le voir, exprimaient bien, dans leur naïf langage, la charité toute fraternelle qui nous animait tous :

A quanto sei caro ! s'écriaient-elles, *ah beato lui !* Ah ! le cher homme ! qu'il est heureux ! et elles baisaient leur chapelet, comme pour remercier de cette belle fête la Madonne, cause de notre joie. Puis elles se montraient l'une à l'autre, avec une curiosité pleine d'affection, celui dont la Providence s'était servi, pour préparer ses voies ; elles se disaient : c'est un Français ; c'est lui qui a donné la médaille à l'Israélite, qui lui a demandé de prier la bienheureuse Vierge. *Ma che buon Signore ! che Dio lo benedica !* mais quel bon monsieur ! que Dieu le bénisse ! Et nous aussi nous répétions du fond du cœur : Que Dieu le bénisse lui et tous les siens !

Cependant devant le Pontife du Seigneur, qui se tient debout près de l'autel, le Cathécumène s'est agenouillé pour recevoir l'eau sainte du Baptême. On lui demande son nom : « Marie », répond-il, avec un élan de reconnaissance et d'amour ; Marie ! le nom trois fois béni de la Reine des patriarches, qui lui a ouvert les portes de l'Église et qui lui ouvrira celles du ciel.

— Que demandez-vous? — Le Baptême. — Renoncez-vous à Satan? — J'y renonce. — Et à toutes ses pompes? — J'y renonce. — Et à toutes ses œuvres? — J'y renonce, répond pour la troisième fois celui dont Dieu a illuminé les ténèbres. — Croyez-vous en Dieu le Père tout-puissant, créateur du ciel et de la terre? — J'y crois. — Croyez-vous en Jésus-Christ son fils unique, notre Seigneur, qui est né et qui a souffert? — J'y crois. — Croyez-vous au saint Esprit, à la sainte Église catholique, à la communion des Saints, à la rémission des péchés, à la résurrection de la chair et la vie éternelle? — J'y crois. —

Le ton, l'accent, la conviction intime avec laquelle l'enfant de Marie prononce cette profession de foi catholique, produisent sur tous ceux qui ont le bonheur de l'entendre, une impression qui vibre encore aujourd'hui au fond de leurs cœurs.

— Que demandez-vous ? — Le Baptème. — Vous voulez être baptisé ? — Je le veux.

Enfin, l'eau sainte dont la source rejaillit jusqu'à la vie éternelle, a coulé sur ce front humblement abaissé ; Marie Ratisbonne se relève Chrétien ; Chrétien pur et fervent comme les anges qui sont devant le Seigneur.

Il tient à la main le cierge béni, dont la flamme est l'image de cette lumière de la foi soumise, qui n'égare jamais. L'imposition des mains et l'onction du saint chrême lui donnent une grâce nouvelle, en confirmant la plénitude de celle qu'il a déjà reçue. Désormais Ratisbonne est disciple de la croix, il est prêt à confesser hautement la foi du Christ qui s'est immolé pour nous.

C'est alors que M. l'abbé Dupanloup a a bien voulu adresser à l'assemblée quelques-unes de ces paroles, que son cœur sait toujours trouver, quand il s'agit de louer Marie et de célébrer la bonté du Seigneur. L'orateur sacré a manifesté, à la face de Rome entière, sa foi pleine et absolue à la miraculeuse intervention de Marie, dans la conversion subite dont il rendait grâces à Dieu ; mais en évitant, comme un fils soumis, toute expression qui aurait semblé prévenir la décision régulière de la seule autorité compétente, en matière de miracle.

Le très-saint sacrifice de la Messe a terminé la cérémonie. En voyant avec quelle ferveur priait le nouveau catholique, avec quel recueillement l'assemblée tout entière s'unissait à ses prières, il était impossible de ne pas se sentir tout pénétré de foi. C'est surtout au moment solennel de la sainte Communion que Notre Seigneur a dû répandre des grâces bien douces et bien précieuses sur cette pieuse réunion. Notre cher frère Marie Ratisbonne était tellement anéanti par le sentiment intime de la présence divine, qu'il a fallu le soutenir, pour approcher de la table sainte ; et ce n'est qu'avec le secours du Père de Villefort et de son parrain qu'il a pu se relever, après avoir reçu le Pain des Anges. Un torrent de larmes inondait son visage ; il succombait sous le poids de toutes les émotions et des grâces ineffables dont le Seigneur le comblait.

A la vue de ce jeune homme, juif obstiné, il y a quelques jours, et aujourd'hui catholique tout brûlant de foi, tout embrâsé de charité, on ne pouvait s'empêcher de murmurer au fond du cœur : Seigneur, vous êtes admirable dans vos œuvres ; et l'on se rappelait involontairement ce mot profond échappé au converti après l'apparition miraculeuse : *J'ai tout compris !*

Un bon nombre de personnes ferventes avaient voulu donner au jeune chrétien une preuve toute particulière de charité fraternelle, en s'approchant à sa suite de la table sainte. Cette pieuse réunion en notre Seigneur a été pour tous un sujet de grande édification, et a imprimé un caractère remarquable de piété fervente à toute cette cérémonie.

Dans ce banquet sacré, où les amis privilégiés de Dieu venaient célébrer le miracle toujours nouveau des miséricordes éternelles, tous les cœurs s'unissaient à cette famille éplorée que le Seigneur avait visitée. Le souvenir à jamais cher et vénéré de celui qu'elle pleurait, jetait comme un reflet de la gloire céleste sur toutes les circonstances de cette pieuse solennité. — *Oh ! comme ce Monsieur a prié pour moi !* avait dit l'Israélite, au moment où le bandeau était tombé de ses yeux ; et lorsqu'il n'avait jamais vu de ce fervent chrétien, si aimable, que le deuil de sa mort. Seigneur, j'adore la profondeur de vos desseins. Le Roi Prophète vous demandait autrefois : Est-ce que la poussière du tombeau confessera votre nom, et annoncera votre vérité ? Oui, Seigneur, car vous avez entendu la prière du juste, et vous avez voulu jeter à pleines mains les fleurs du ciel sur les douleurs de la terre, afin que nous rendions gloire à votre nom, et que nous ne nous laissions pas abattre ; *ut cantet tibi gloria mea et non compungar.*

Tout est donc accompli, Ratisbonne est admis à toutes les joies, à toutes les grâces de la vie catholique. Loué soit Dieu, qui nous a donné un frère de plus ; le chant du triomphe retentit sous les voûtes du temple, l'émotion long-temps comprimée au fond de tous les cœurs, peut enfin éclater. Nous vous louons, Seigneur, s'écrie tout ce peuple dans les transports de sa joie : Nous vous bénissons ! En ce moment solennel, où toutes les voix s'unissaient dans un même cri de de reconnaissance, avec la grave harmonie des orgues sacrées, nous autres catholiques, nous comprenions avec un tressaillement d'allégresse ce que c'était que la communion des Saints, qui nous donnait dans ce beau jour un avant-goût du bonheur du ciel. Si un seul cœur est resté froid, au milieu de ce concert sublime et de cet enthousiasme universel, que je le plains ! il n'était pas catholique.

Après le *Te Deum*, le Cardinal a ramené dans l'intérieur de la maison du Jésus, le nouvel enfant de l'Église ; et on dit, qu'à peine hors du lieu saint, il n'a pu s'empêcher de presser contre son cœur, avec une tendresse toute paternelle, celui qu'il venait d'initier à la vie du ciel.

La joie de M. Ratisbonne était ineffable. Entouré de tous ceux qui avaient pu pénétrer près de lui, de tous ceux qui voulaient le voir, l'entendre, l'embrasser, il recevait les félicitations de tous, heureux du fond des entrailles, en songeant qu'il appartenait désormais à la sainte famille catholique.

Un témoin oculaire a raconté que, lorsqu'on le ramena dans la cellule qu'il avait occupée pendant sa retraite, son premier mouvement fut de se précipiter à genoux devant son crucifix, pour remercier le Sauveur de toutes les grâces dont il était inondé.

Quant à ceux qui avaient eu le bonheur de prendre part à cette belle fête, ils remportaient au fond de leur cœur un enseignement bien consolant : c'est que lorsqu'on cherche Dieu sincèrement, il vient bientôt à nous ; dût-il pour cela faire un miracle.

Lorsque Dieu, dans sa tendresse toute paternelle, envoie aux siens quelqu'une de ces grâces extraordinaires qui ravivent la foi, et inondent le cœur d'un amour qui surpasse tout sentiment, on voudrait pouvoir fixer quelque temps sa tente, au milieu des délices de cette joie intérieure, prolonger et retenir tout ce qui l'a fait naître, tout ce qui peut la nourrir.

Pour satisfaire au saint désir des ames pieuses, nous voulons rester quelques moments encore avec l'heureux enfant de Marie; le suivre et l'écouter, depuis le jour trois fois béni où, pour la première fois, il s'est uni avec nous par la participation au plus saint des mystères, jusqu'au moment où ces pages sont livrées au public.

Et lui aussi il voulait demeurer sur le Thabor. Comblé par le Seigneur des faveurs les plus privilégiées, ayant jeté loin de lui, comme un manteau usé, toutes les misères de son passé, paré de cette innocence baptismale dont l'éclat se ternit, hélas! si tôt, il soupirait après la solitude, redoutait le bruit du monde, cherchait à échapper au curieux empressement de tous; et mettait comme un sceau sur son cœur, afin de ne point laisser s'épancher les trésors de grâce que le Seigneur y avait enfouis.

Il témoigna donc le désir de passer

dans la retraite les jours de dissipation et de bruit qui approchaient. De quel œil eût-il pu voir les folles joies, et les vains plaisirs de la terre, celui à qui il avait été donné de lever les yeux sur la Rose Mystique, sur la plus belle fleur du ciel, et qui dans la ferveur de sa foi naissante, dans les joies intimes de sa reconnaissance et de son amour, sentait pour la première fois, combien le Seigneur est doux ?

Mais avant de commencer cette retraite nouvelle qui ne devait être, pour lui, qu'un long cantique d'actions de grâces, il lui restait un pieux devoir à remplir ; que dis-je ! un nouveau bonheur à goûter encore. Devenu l'enfant chéri de l'Église, il soupirait après le moment où il lui serait permis de se prosterner aux pieds du vénérable Pontife qui, en dépit des flots soulevés, dirige d'une main si ferme et si sûre la barque qui nous porte tous au port du salut.

On nous a raconté les touchants détails de cette entrevue, et pour faire passer dans le cœur de ceux qui nous lisent, les sentiments qu'il ont réveillés dans le nôtre, il nous faut puiser dans les plus précieux souvenirs du Catholicisme.

Les personnes qui ont visité les catacombes, et les antiquités religieuses de Rome, se souviennent qu'à chaque pas, on retrouve le Bon Pasteur, reportant au bercail unique la brebis qui s'était égarée ; elles ont remarqué cette expression d'heureuse mansuétude, de tendre paternité que l'art naïf des premiers siècles a su rendre si bien. Qu'elles se rappellent leurs impressions à la vue de cet image si souvent, si heureusement répétée, si elles pourront alors se faire une idée de cette scène touchante.

M. Ratisbonne et M. le baron Théodore de Bussierre furent conduits aux pieds de Sa Sainteté par le Révérend Père Général de la Compagnie de Jésus. Après avoir fléchi trois fois le genou devant le Vicaire de Jésus-Christ, pour satisfaire à leur profonde vénération encore plus qu'à l'usage, ils ont reçu cette sainte bénédiction que tant de chétiens fervents viennent solliciter de si loin.

Le Très-Saint Père s'est entretenu avec eux; il les a comblés des témoignages précieux de sa prédilection, avec tout l'abandon, toute la tendresse d'un père qui caresse des fils bien-aimés. Il a ordonné qu'on leur fît voir l'intérieur de ses appartements. Que dis-je ! il a fait plus encore : les poussant devant lui avec une douce familiarité, il les a introduits dans sa chambre à coucher. Alors, le vénérable successeur du Prince des Apôtres leur a donné à tous deux un bien touchant témoignage de sa propre confiance, dans la protection de celle que l'Église implore comme le secours des chrétiens ; il a daigné leur montrer lui-même une image de la Vierge Miraculeuse, qu'il révère avec une dévotion particulière, et qui, placée auprès de son lit, reçoit chaque jour les saintes et ferventes prières que le vénérable Pontife adresse au Seigneur, pour qu'il n'y ait plus qu'un seul troupeau, un seul pasteur. Enfin, avant de les congédier, voulant que M. Ratisbonne conservât un souvenir de ce jour mémorable, Sa Sainteté lui a remis, de ses mains vénérées, un crucifix auquel étaient attachées des indulgences spéciales.

Si jamais, quand les jours d'épreuve et de combat seront venus, le nouveau soldat de la foi avait besoin de ranimer son courage, qu'il se souvienne de l'étendard sacré que le chef visible de l'église a mis dans ses jeunes mains, et que jetant les yeux sur son crucifix, il se dise avec confiance : *Tu vaincras par ce signe ; in hoc signo vinces.*

Peut-être M. Ratisbonne s'éloignera-t-il de nous, avant d'avoir pu prendre racine dans cette terre promise, où il avait trouvé la bonne semence. Il est si doux, après l'absence, de revoir une famille qu'on chérit et qu'on vénère, de presser entre ses bras un frère bien aimé, qui nous avait devancé dans le chemin du Seigneur ! Loin d'affaiblir les liens du cœur, l'évangile les resserre en les sanctifiant ; ses disciples les plus fidèles seront toujours, dans ce qui n'est pas contraire à la loi de Dieu, les fils les plus tendres, les amis les plus dévoués.

Si donc la Providence le ravissait trop tôt à notre fraternelle amitié, qu'il aille, nouvel Apôtre, sorti du Cénacle, porter sous le ciel de la patrie, au milieu de tous les siens, l'exemple de ses vertus nouvelles, la douce influence de ses prières, le parfum et la grâce de sa jeune ame, qui, née d'hier à la vie catholique, est encore parée, aux yeux du Seigneur, de tous tous les charmes de l'enfance.

Les premiers vœux, les premières pensées de sa jeunesse avaient été pour la régénération de ses frères ; eh bien ! le Seigneur a lu au fond de son cœur, et il l'a béni, en le régénérant lui-même.

Quelle que soit la route dans laquelle la Providence l'appelle, nos tendres prières le suivront sans cesse, pour attirer sur lui la grâce de la persévérance ; pour que l'auteur de tout don parfait lui donne la force dans le combat, la patience dans l'épreuve, l'humilité dans la Victoire, la charité ardente, la charité prudente envers tous.

Toute jeune vie surtout est exposée aux orages ; plus heureux que nous, il a été couronné avant le combat ; mais les jours mauvais viendront ; puisse-t-il alors se souvenir de ses frères de Rome ! Puisse-t-il pour rester à jamais inébranlable et fidèle, se souvenir de MARIE sa mère !

NOTES.

Plus d'un lecteur aura souri en lisant le mot *régénération* appliqué aux efforts et aux espérances de M. Ratisbonne, en faveur de ses coreligionnaires ; mais il faut bien parler la langue de son époque.

M. Ratisbonne avait vu, avec toute la douleur d'un noble cœur, l'avilissement et les misères morales des classes pauvres, parmi les Israélites. L'objet de son ambition était de travailler, par tous les moyens, à les secourir, à les rendre moins malheureux, pour les rendre meilleurs. De là cet empressement, avec lequel il se mettait en avant, pour arriver à son but. On n'a point sans doute oublié, à Strasbourg, qu'il fut un de ceux qui se donnèrent le plus de mouvement pour une certaine loterie, et je crois aussi un certain bal par souscription, dont le produit devait être appliqué à soulager les pauvres Israélites. Ne dirait-on pas que la Providence avait voulu que ce nom de Ratisbonne fût connu de tous, afin que tous pussent mieux comprendre et admirer l'infinie miséricorde dont il devait être un si mémorable exemple?

Le *Diario* de Rome, dans son numéro du Mardi 15 Février 1842, a publié un récit abrégé des faits que nous venons de raconter. Nous ne reproduirons pas cet article. Mais il nous est impossible de ne pas consigner ici une circonstance, que les ames pieuses et dévouées à Marie seront heureuses de remarquer : M. Ratisbonne est né en 1814, le premier du mois de mai, du mois consacré à la Mère de la grâce divine.

IMPRIMATUR

Fr. Dom. Buttaoni Ord. Præd. S.P.A. Magister.

IMPRIMATUR.

J. De Comitibus Vespignani Archiep. Tian.
Vicesg.

EXTRAIT

DE LA

PREMIÈRE LETTRE

DE MARIE RATISBONNE

A l'abbé Ratisbonne, son Frère.

Rome.......

MON CHER THÉODORE,

DIEU a voulu que toute ma vie jusqu'à l'instant de ma conversion, ne fût qu'une série d'actes anti-chrétiens. Dieu a voulu que je fusse dans un concours de circonstances, tel qu'il est impossible à qui que se puisse être, d'expliquer ma conversion subite, autrement que par une force divine et par un miracle. Qui t'a persécuté avec le plus d'acharnement ? c'est moi.

Qui s'occupait avec le plus d'activité du sort des pauvres Juifs? c'est moi. Qui proférait le plus de blasphêmes contre les Catholiques, et leur esprit de conversionisme ? c'est moi. Qui avait le plus d'indifférence en religion ? c'est moi. M'accusera-t-on de lâcheté? mais les Juifs en France étant égaux à tous les autres citoyens , je puis rejeter ce reproche que personne ne me fera sérieusement. Est-ce par ambition ? mais en quoi? quelle carrière se ferme donc devant moi, si je reste Juif? est-ce par intérêt , ce grand mobile du siècle présent ? mais tu le sais aussi bien que moi, mon intérêt serait plutôt de rester Juif. Est-ce par affection , par inclination peut-être secrète? mais tu sais, toute ma famille sait à quel point j'aime ma fiancée si digne d'être aimée. Mais si *Flore* n'a pas la force de me suivre , il me faut renoncer à elle ; mais si Flore m'échappe , je suis résolu à finir ma vie dans un des cloîtres de l'ordre le plus sévère. Ets-ce par suite de mes lectures? mais je n'ai jamais lu aucun livre de religion. Est-ce par l'influence de mes amis?

mais je ne connaissais que des jeunes-gens sans foi ; je ne connaissais que Gaston Renouard de Bussierre, qui est protestant enragé , et qui disait de moi, il y a quelques jours seulement : Il n'y a rien à faire avec Alphonse , c'est un Juif encroûté. Est-ce parce que mon esprit est malade ? parce que ma raison affaiblie , a succombé devant la majesté de Rome ? mais voici 15 jours que j'y suis , ma place était prise pour partir, et j'écrivais dans ma dernière lettre à*** : J'ai passé dans la rue des Juifs, et leur misère a ranimé ma haine contre les Catholiques et j'aime mieux être parmi les persécutés , que parmi les persécuteurs. Mais alors comment expliquer ma conversion , mon cher frère ? Je te dirai dans une prochaine lettre , toutes les circonstances merveilleuses qui l'ont précédée , et j'espère que celles qui la suivront ne seront pas moins merveilleuses.

J'ai trouvé hier dans le premier livre religieux que j'aie jamais ouvert, depuis que je suis au monde , cette phrase : « Une telle persuasion

» produite sans miracle , serait elle-même le
» plus grand des miracles que l'on pourrait ima-
» giner ».

Adieu, mon bienheureux frère ; je t'ai causé
bien du chagrin ; pardonne à ton frère en Jésus.

Marie RATISBONNE.

DEUXIÈME LETTRE

DE

M. MARIE ALPHONSE RATISBONNE,

A M. L'ABBÉ RATISBONNE SON FRERE,

AU SUJET DE SA MIRACULEUSE CONVERSION.

Rome, le 4 Février 1842.

MON CHER THÉODORE,

Tu as reçu la nouvelle de ma conversion le soir de la *Purification,* si j'ai bien calculé. Aussi nous avons bien pensé à toi à l'heure du courrier. Comme tu as dû être heureux ! un frère de plus et une victoire de plus pour Notre-Dame des Victoires ! car tout me dit que ma conversion ne sera pas un fait isolé. On ne peut pas disconvenir qu'il ne s'opère en ce moment un retour vers la Religion, retour qu'on attribue en partie aux ferventes prières de l'Archiconfrérie dont tu es un des plus dignes membres.

Certainement, mon cher Théodore, que les prières que tu as faites pour la famille, ont contribué à l'immense grâce que Notre-Seigneur a fait descendre sur moi ! Combien ne te dois-je pas de reconnaissance. Voilà donc ce que tu demandais pour moi, tandis que je me riais de ton caractère, que je te persécutais horriblement. Aujourd'hui que le voile du temple est déchiré aussi pour moi, aujourd'hui que la vérité et la lumière brillent devant mes yeux, je comprends si bien que le Catholicisme peut seul donner la vraie force d'ame, les consolations les plus précieuses ! que de richesses ! quelle source inépuisable de joie et d'amour ! et comme je vois clairement que ce qui manque à chaque membre de notre famille (ce qui me manquait à moi-même il y a peu de jours), c'est la Religion, la connaissance de la miséricorde inépuisable, imposante de Dieu !

Tu as prédit que toute la famille deviendrait catholique : voici que tes paroles commencent à se réaliser. Puisse notre bonne et très-sainte Vierge, intercéder pour que ta prophétie s'accomplisse entièrement !

Je ne te parlerai pas des détails de ma conversion. Toutes les circonstances, qui l'ont précédée, accompagnée ou suivie, ont tellement ému et frappé tout le monde ici, qu'on juge utile d'en publier un récit que Théodore de Bussierre est occupé à rédiger. Quant à moi, je passe mes journées au couvent des Jésuites. J'y loge, je m'y suis préparé, dans la retraite et sous la direction de l'excellent Père de Villefort, mon confesseur, à recevoir le Baptême, la Confirmation et la Communion.

Les cérémonies de ces trois sacrements ont eu lieu publiquement le 31 Janvier en l'église du Jésus. Tout ce que Rome contient de distingué, de saint, de curieux, était présent. Tout s'est passé avec un ordre merveilleux et une majesté parfaite. L'émotion était générale et immense. L'abbé Dupanloup, m'a adressé une exhortation dont l'éloquence, la profondeur des pensées ont fait verser d'abondantes larmes. Le Cardinal Vicaire Patrizi a officié. Il y aura aussi une relation de cette journée. Je ne t'en donnerai donc pas d'autres détails maintenant.

Depuis mon baptême, je reste au couvent pour ne pas trop ternir la blancheur de ma robe dans les boues du carnaval. Ce soir je commencerai ma retraite absolue qui durera huit jours. J'ai beaucoup à travailler pour réparer le temps perdu ; mais ce travail est si doux, si consolant ! à chaque ligne on trouve de nouvelles forces, de nouveaux trésors. Le Père Général de la Société de Jésus, m'a présenté hier avec Théodore de Bussierre au St.-Père ; tu ne peux te figurer l'accueil tendre et touchant que j'ai reçu de cet excellent et digne Pasteur. Il me semblait, non pas me trouver devant le premier Pontife du monde, le successeur de St-Pierre, mais devant mon père. Il m'embrassait, me caressait, me prenait dans ses bras, me parlait avec une affectuosité familière. Il m'a fait cadeau d'un crucifix et d'une médaille à son effigie. Il me promit de m'envoyer aussi d'autres médailles miraculeuses de l'Archiconfrérie : je les ai reçues et je les ai faites bénir ; c'est une mitraille dont j'espère me servir utilement dans la suite. Enfin, le Pape a fini en me disant : Ecrivez à votre frère et dites-lui que j'ai reçu son *Histoire de saint Bernard*, que je l'ai lue avec grand plaisir. Je vous recommande de bien prier la Sainte Vierge pour votre famille et vos amis ; je suis sûr que vous réussirez. Il m'a conduit ensuite dans sa chambre à coucher, et m'a fait voir au-dessus de son lit la fameuse médaille de la Sainte Vierge. Voilà le digne Vicaire de Jésus-Christ ; la majesté l'entoure, mais lui, est humble, simple, doux et paternel. Que c'est édifiant et quel exemple !

Un libraire italien a publié ton *Histoire de saint Bernard* traduite ; il m'a écrit pour me demander l'autorisation de m'en faire la dédicace. Tu crois que je l'ai acceptée avec joie. Nos deux noms réunis sous celui de saint Ber-

nard dont la prière a été si efficace ! Quel en-
chaînement de circonstances providentielles !
Quel drame spirituel ! et dire qu'il y a des personnes qui en sont spectateurs et qui resteront
froides, lourdes, aveuglées ! ! !

Je t'en prie, mon cher Théodore, profite des
circonstances où nous nous trouvons, pour frap-
per quelques bons coups à Strasbourg. Écris ;
je te recommande beaucoup ma pauvre petite
Flore, son père, notre sœur Ernestine, enfin
tous, tous. Comment vont-ils s'expliquer ma
conversion ? Je vais passer pour fou !

Je pense bien souvent à mes chères sœurs ;
réellement je ne puis concevoir aujourd'hui,
comment des femmes si bonnes, si aimables,
peuvent vivre ainsi au jour le jour, sans s'occu-
per un instant de la fin de l'homme ; elles se-
raient si bien faites pour comprendre toutes les
beautés du Christianisme. Prions, nous-mêmes,
mon cher Frère, pour leur conversion. A Dieu
seul est reservé de faire des conversions subites,
instantanées. Ce que ne peuvent obtenir les

plus éloquents sermons, les plus pressantes
sollicitations, les discussions les plus approfon-
dies et les plus longues, les prédications les
plus convaincantes, Dieu l'obtient d'un geste :
résisteront-ils deux fois à Dieu ?

Je te demande pardon, mon cher Théodore,
de t'écrire des lettres si décousues ; je suis encore si agité de tant et de si grandes émotions!
Je suis aussi interrompu à chaque instant par
de nombreuses visites.

Ma santé, qui était chancelante, a éprouvé
elle-même un changement miraculeux. Je me
porte tout-à-fait bien, et j'attends avec calme,
les ordres du Tout-Puissant. Je ne sais pas encore ce que je deviendrai, mais cela se déci-
dera quand je connaîtrai la volonté de Dieu.

Adieu mon cher Théodore, je t'embrasse et
te révère.

Ton frère, Marie RATISBONNE.

o--◉--o

BORDEAUX. — IMPRIMERIE DE TH. LAFARGUE.